PRAKTISCHER SQL-PROGRAMMIERHANDBUCH FÜR ANFÄNGER.

Inhalt

Was genau ist SQL (Structured Query Language)?

Eine definierte Programmiersprache namens SQL, die für Structured Query Language steht, wird verwendet, um relationale Datenbanken zu verwalten und verschiedene Operationen an den darin enthaltenen Daten auszuführen. SQL wurde ursprünglich in den 1970er Jahren entwickelt und wird häufig von Datenbankadministratoren sowie Programmierern verwendet, die Skripte für die Datenintegration erstellen, und von Datenanalysten, die analytische Abfragen einrichten und ausführen.

Die folgenden Verwendungen von SQL:

Mit relationalen Datenbankverwaltungssystemen (RDBMS) können Benutzer Datenbanktabellen- und Indexstrukturen ändern, Datenzeilen hinzufügen, aktualisieren und löschen sowie Teilmengen von Informationen abrufen. Diese Aktionen können für die Transaktionsverarbeitung, Analyseanwendungen und andere Anwendungen verwendet werden, die eine Interaktion mit einer relationalen Datenbank erfordern.

Benutzer können in Datenbanktabellen enthaltene Informationen ergänzen, ändern oder abrufen, indem sie zusätzlich zu anderen Vorgängen, die typischerweise in Form von Befehlen erfolgen, Abfragen mit SQL verwenden.

Der grundlegendste Bestandteil einer Datenbank ist eine Tabelle, die Daten in Zeilen und Spalten enthält. Jeder Datensatz wird in einer einzelnen Tabellenzeile verwaltet und ist alle in einer Tabelle enthalten. Die gebräuchlichste Art relationaler Datenbankelemente oder -strukturen, die Daten speichern oder sich darauf beziehen, sind Tabellen. Dies sind einige andere Arten von Datenbankelementen:

Die Informationen in einer oder mehreren Datentabellen werden logisch durch Ansichten dargestellt.
Datenbanksuchvorgänge könnten mithilfe indizierter Suchtabellen beschleunigt werden.
Informationen aus einigen Tabellen, oft ein Element dieser

Informationen, das anhand von Suchkriterien ausgewählt wurde, werden zur Erstellung von Berichten verwendet.

Jede Zeile in einer Tabelle enthält einen Informationswert für die sich überschneidende Zeile, und jede Zeile in einer Tabelle entspricht einer Art von Daten, beispielsweise dem Namen oder der Adresse eines Kunden.

Wo ist die SQL Server-Datenquelle?

Öffnen Sie das Projekt oder stellen Sie eine Verbindung zur Datenbank her, die die Datenquellenansicht enthält, die Sie zum Durchsuchen von Daten in SQL Server Data Tools verwenden möchten. Doppelklicken Sie auf die Datenquellenansicht, nachdem Sie den Ordner „Datenquellenansichten" im

Projektmappen-Explorer erweitert haben.

Wie viele SQL-Datenquellen werden erstellt?

Greifen Sie über die Systemsteuerung auf die Verwaltungstools zu und wählen Sie dann zwischen ODBC-Datenquellen (64-Bit) und ODBC-Datenquellen (32-Bit). Sie können stattdessen auch odbcad32.exe ausführen. Klicken Sie auf „Hinzufügen", nachdem Sie die Registerkarte „Benutzer-DSN", „Maschinen-DSN" oder „Datei-DSN" ausgewählt haben. Klicken Sie auf Fertig stellen, nachdem Sie SQL Server ausgewählt haben.

SELECT-Anweisung in SQL Server.

Anhand von Terminologie und Beispielen demonstriert diese SQL Server-Lektion, wie der SELECT-

Befehl in Transact-SQL verwendet wird.

Beschreibung

Um Daten aus einer oder mehreren Zeilen in einer SQL Server-Datenbank abzurufen, verwenden Sie den SELECT-Befehl in SQL Server (Transact-SQL).

Syntax

Die grundlegende Syntax der SQL Server (Transact-SQL) SELECT-Anweisung lautet wie folgt:

SELECT-Anweisungen FROM-Tabellen [WHERE-Einschränkungen];
Bei SQL Server (Transact-SQL) lautet die gesamte Syntax für die SELECT-Abfrage jedoch wie folgt:

Wählen Sie „ALLE | EINZIGARTIG"

[/TOP (oberster Wert) [%]
Ausdrücke aus Tabellen [MIT TIES]
[WO Umstände]
Ausdrücke werden nach gruppiert.
(MIT BEDINGUNG)

[ORDNUNG NACH FORMEL] ; [ASC |
BESCHREIBUNG]

WHERE-Klausel in SQL

Die WHERE-Klausel in SQL
Datensätze können mithilfe der
WHERE-Klausel gefiltert werden.

Es dient dazu, ausschließlich
Datensätze zu extrahieren, die eine
bestimmte Anforderung erfüllen.

SELECT Spalte1, Spalte2,... FROM
Tabellenname WHERE Bedingung;
Hinweis: Die WHERE-Klausel wird
in UPDATE-, DELETE- usw.

Befehlen sowie SELECT-Anweisungen verwendet!

Datenbank anzeigen
Hier sind einige Beispiele aus der Tabelle „Kunden" der Northwind-Beispieldatenbank:

CustomerID CustomerName ContactName Address City PostalCode Country 1

The Futterkiste, Alfred57 Maria Anders Obere Str., Berlin, Deutschland, 12209Emparedados und Helados von Ana TrujilloAna Trujillo Avenue of the Constitution 2222 Mexiko-Stadt, DF 05021 MexikoJonathan Moreno TaqueraMexiko 4 Antonio Moreno Mataderos 2312 Mexiko DF 05023

Von Horn zu Horn120 Hanover Square, London, WA1 1DP, Vereinigtes KönigreichBerglunds SchnellvermietungBerguvsvägen 8 Christina Berglund/.

Die Operatoren der WHERE-Klausel

Die WHERE-Klausel unterstützt die Verwendung der folgenden Operatoren:

Operator Beschreibung Beispiel = Gleich > Mehr als Kleiner als >= Mehr als oder gleich = Kleiner als oder gleich >nicht gleichwertig. Hinweis: Dieser Operator kann wie folgt geschrieben werden: in verschiedenen SQL-Versionen.= BETWEEN Innerhalb eines bestimmten Bereichs
LIKE Suchen Sie nach einem Muster
IN, um die potenziellen Werte einer

Spalte auf verschiedene Arten zu bezeichnen.

CAS für SQL Server

Einfacher CASE-Ausdruck für SQL Server

Die grundlegende Syntax des CASE-Ausdrucks wird wie folgt dargestellt:

Ein CASE-Eintrag

WANN en DANN rn, dann e1, DANN r1, dann e2, DANN r2 usw.

SONST re] ENDE

Der einfache CASE-Ausdruck bestimmt, ob ein Ausdruck (ei) in jeder WHEN-Klausel und der Eingabeausdruck (input) äquivalent sind. Das Ergebnis (ri) in der entsprechenden THEN-Klausel wird zurückgegeben, wenn der Eingabeausdruck mit einem Ausdruck (ei) in der WHEN-Klausel übereinstimmt.

Der Ausdruck CASE gibt den Wert aus der ELSE-Klausel (re) zurück, wenn der Eingabeausdruck keinem anderen Ausdruck entspricht, sofern die ELSE-Klausel verfügbar ist.

Der CASE-Ausdruck gibt NULL zurück, wenn die ELSE-Klausel weggelassen wird und der Eingabeausdruck mit keinem der Ausdrücke in der WHEN-Klausel übereinstimmt.
Erläutern von SQL-JOINS-Typen anhand von Beispielen

VERBINDET die Grundlagen

Daten werden in mehreren Tabellen gespeichert, die in relationalen Datenbanken wie SQL Server, MySQL und Oracle und anderen über einen gemeinsamen Schlüsselwert miteinander verbunden sind. Daher ist es manchmal erforderlich, Daten aus beliebig vielen Tabellen in einer Ergebnistabelle zusammenzufassen. Die SQL JOIN-Klausel in SQL Server macht dies einfach.

Basierend auf logischen Verbindungen zwischen den Tabellen wird die SQL-Phrase JOIN verwendet, um Daten aus verschiedenen Tabellen abzurufen und abzufragen.
Mit anderen Worten: JOINS geben an, wie ein SQL Server Einträge aus einer anderen Datenbank anhand von Informationen aus einer anderen Quelle auswählen soll .

In SQL Server gibt es mehrere JOIN-Typen, darunter INNER JOIN, LEFT OUTER JOIN, RIGHT OUTER JOIN, SELF JOIN und CROSS JOIN.

Einfache SQL-Join-Typen

Eine der vielen Arten von Joins, die SQL Server bietet, sind INNER JOIN, Internal JOIN, Crossover JOIN und OUTER JOIN. Tatsächlich beschreibt jeder Join-Typ, wie zwei Tabellen in einer Abfrage miteinander verknüpft werden. Weitere Unterkategorien von Außenverknüpfungen sind FULL Outside JOINS, RIGHT OUTER JOINS und LEFT OUTER JOINS.

- Mithilfe der SQL INNER JOIN-Funktion werden Datensätze aus zwei oder mehr Tabellen mit übereinstimmenden Werten verknüpft, um eine Ergebnistabelle zu erstellen.

- Eine LEFT OUTER JOIN-Abfrage schließt nicht übereinstimmende Elemente aus der Tabelle ein, die vor der LEFT OUTER JOIN-Klausel in der Rückgabetabelle angegeben ist.

- Die vom SQL RIGHT OUTER JOIN erzeugte Ergebnistabelle enthält alle Daten aus der rechten Tabelle und nur die akzeptierten Zeilen aus der linken Tabelle.

- Durch die Verbindung derselben Tabelle mit sich selbst ermöglicht die SQL SELF JOIN-Prozedur einen zeilenweisen Vergleich innerhalb derselben Tabelle.

- Die SQL CROSS JOIN-Prozedur erstellt eine Ergebnistabelle, die gepaarte Paare jedes Eintrags aus der ersten Tabelle und jeder Zeile aus der zweiten Tabelle enthält.

INNERHALB BEITRETEN

Daten aus beiden Tabellen werden mit dem Befehl INNER JOIN abgerufen, der nur Datensätze oder Zeilen mit übereinstimmenden Werten zurückgibt.

In unserem Beispiel möchten wir Daten aus dem Vertrieb erhalten. Sowohl Production- als auch SalesOrderDetail.Product-Tabellen, die SOD für Sales als Alias für Produktions- und Kundenauftragsdetails verwenden. Produkt. Wir vergleichen Datensätze in diesen Spalten in der JOIN-Anweisung. Beachten Sie, wie SQL Complete mit Codeempfehlungen umgeht.

Exploration und Aggregation von SQL Server-Daten.

Problem

Bei der Verarbeitung von Daten im Zusammenhang mit in SQL Server gespeicherten Transaktionen mithilfe von R für statistische Schlussfolgerungen sind Datenexploration und -aggregation zwei entscheidende Komponenten. Für die Datenexploration mithilfe von Data-Science-Sprachen wie R sind häufig das Filtern, Neuordnen, Transformieren, Aggregieren und Visualisieren von Daten erforderlich. Es gibt viele Möglichkeiten, diese Funktionen zu implementieren. Insbesondere für die Datenverarbeitung ist häufig die Verwendung vieler Bibliotheken erforderlich, was das Erlernen aller dieser Bibliotheken durch Entwickler erforderlich macht.

Wenn es ein flexibles Paket gäbe, das als Schweizer Taschenmesser fungieren und zahlreiche Datentransformationsfunktionen in derselben Bibliothek ausführen könnte, wäre es für unerfahrene Data-Science-Entwickler einfacher, ihre Arbeit abzuschließen. Ausführliche Informationen zu einem solchen Paket finden Sie in diesem zweiteiligen Leitfaden.

Lösung

Data-Science-Initiativen können von den umfangreichen Datenbearbeitungsoptionen, die das R-Paket dplyr bietet, erheblich profitieren. Es enthält eine Reihe von Verben, die zum Bereinigen, Organisieren, Visualisieren und Analysieren von Daten nützlich sind. Um solche Aufgaben auszuführen, kann das dplyr-Paket der Programmiersprache R verwendet werden. Beim Umgang mit großen Datensätzen wird nicht empfohlen, diese in R zu speichern; Stattdessen sollten die Daten in SQL Server gesammelt und mit einem R-Tool wie dplyr verarbeitet werden.

Umriss

Das Ziel dieses zweiteiligen Tipps besteht darin, Ihnen das dplyr R-Paket in SQL Server vorzustellen und Ihnen den Einstieg in die grundlegende Datenerkundung, -bearbeitung und -visualisierung zu erleichtern. Unter Verwendung von SQL Server und R werden wir verschiedene Daten-Munging-Funktionen von dplyr durchgehen.

Die Ersteinrichtung, das Einrichten von Daten, das Konfigurieren von R in SQL Server und die grundlegenden Funktionen zum Auswählen, Filtern und Neuanordnen von Daten, die durch das dplyr-Paket ermöglicht werden, werden alle in Teil 1 dieser Serie behandelt.

In Teil 2 lernen wir einige komplexere dplyr-Methoden kennen, darunter Datenaggregation, Funktionsverkettung und grundlegende Datenexplorationsdiagramme.

Zusammenfassung der Funktionen des SQL-Fensters Windows SQL Server

Eine einzelne Ausgabezeile wird erstellt, indem Berechnungen aus vielen Ausgabezeilen mithilfe der Aggregatfunktionen kombiniert werden.

Die Aggregatfunktion SUM() wird in der folgenden Abfrage verwendet, um die Gesamtvergütung für alle Mitarbeiter des Unternehmens abzurufen:

Die Programmiersprache SQL (Structured Query Language) wird verwendet, um SUM(salary) sum_salary FROM Workers auszuwählen.
Folgendes geschah:

Jede Zeile aus der Workers-Tabelle wurde zu einer einzigen Zeile zusammengefasst, wie in der Ausgabe zu sehen ist.

Eine Fensterfunktion führt Berechnungen für eine Reihe von Zeilen durch, ähnlich wie eine Aggregatfunktion. Das

Zusammenfassen mehrerer Ausgabezeilen zu einer erfolgt bei Verwendung einer Fensterfunktion jedoch nicht.

Die Fensterfunktion SUM() wird in der folgenden Abfrage verwendet. Neben den Gehältern jedes einzelnen Mitarbeiters wird auch die Gesamtvergütung aller Mitarbeiter ermittelt:

FOR Vorname, Nachname, Gehalt und Summe_Gehalt FROM Arbeiter;
SUM(Gehalt) OVER();
Syntax für SQL-Fensterfunktionen
Die Fensterfunktionen haben die folgende Syntax:

SQL (Structured Query Language) wird in den Windows-Funktionsnamensausdrücken OVER (frame_clause, order_clause und partition_clause) verwendet.

Fensterfunktionsname

der Name einer verfügbaren Fensterfunktion, z. B. SUM(), ROW_NUMBER() oder RANK().

Ausdruck

die Spalte oder der Zielausdruck, mit dem die Fensterfunktion arbeitet.

Satz vorbei

Die Zeilenreihenfolge innerhalb einer Partition wird durch die OVER-Klausel angegeben, die Fensterpartitionen generiert, um Gruppen von Zeilen zu erstellen. Die Divisions-, Order- und Frame-Klauseln bilden die OVER-Klausel.

Die Partitionsklausel, die die Zeilen partitioniert, verwendet die Fensterfunktion. Seine Syntax ist wie folgt:

Der gesamte Datensatz wird als einzelne Partition betrachtet, wenn die Split BY-Klausel weggelassen wird. BY expr1, expr2, PARTITION BY... ist SQL oder Structured Query Language, codierte Sprache.

Die Zeilen einer Partition, auf die die Fensterfunktion angewendet wird, sind in der Order-Klausel aufgeführt:

DESCRIBE BY FORMULA Strukturierte Abfragesprache, „[ASC | DESC]," [NULL LAST|NULL FIRST] Sprache ist eine Programmiersprache.

Ein Element der vorliegenden Partition ist ein Rahmen. Zur Definition des Frames wird eine der folgenden Syntaxen verwendet:

Frame_start-Zeilen zwischen Frame_Start und Frame_End in ARRAY | REIHENBEREICH | REIHEN
Es wird die Programmiersprache SQL (Structured Query Language) verwendet und „frame_start" kann einer der folgenden Werte sein:

N PRIOR UNBINDED PREVIOUS ist die aktuell verwendete Zeile.
Das Frame-Ende ist einer der folgenden Parameter in der Computersprache SQL (Structured Query Language):

EINE ZEILE NACH N FOLLOWS HAT KEINE GRENZEN.

29

SQL-Datumsoperationen SQL-Datumsangaben

Sofern Ihre Daten lediglich die Datumskomponente enthalten, verhalten sich Ihre Abfragen wie erwartet. Wenn aber noch ein Zeitelement hinzukommt, wird es anspruchsvoller.

SQL-Datumsdatentypen
MySQL stellt die folgenden Arten von Informationen zum Speichern eines Datums oder eines Zeit- und Ortswerts in einer Datenbank bereit:

Das Datumsformat ist JJJJ-MM-TT.
Das Zeitformat für Datumsangaben ist HH:MI:SS JJJJ-MM-TT.
ZEITSTEMPEL – Stil: HH:MI:SS JAHR JJ oder JJJJ-MM-TT
Um ein Datum oder einen Zeitwert in der Datenbank zu speichern,

bietet SQL Server die folgenden Datentypen an:

Das Datumsformat ist JJJJ-MM-TT.
Das Zeitformat für Datumsangaben ist HH:MI:SS JJJJ-MM-TT.
Das TIMESTAMP-Format für SMALLDATETIME ist HH:MI:SS YYYY-MM-DD, was eine eindeutige ganze Zahl ist.
Denken Sie daran: Die Datumstypen werden für eine Spalte ausgewählt, wenn Sie eine neue Tabelle in Ihrer Datenbank erstellen!

Verwendung von Datumsangaben in SQL
Schauen Sie sich die folgende Tabelle an:

Bestellungen Tabelle 1 OrderId ProductName OrderDate 2008-11-11 Geitost

09.11.2008 Pierrot 2 Camembert
Mascarpone 29.10.2008 3
Mozzarella di Giovanni 11.11.2008
3 Fabioli

Python Exploratory Analysis of Data (EDA) mit SQL

Die explorative Datenanalyse (EDA) nutzt statistische Grafiken neben zusätzlichen Methoden der Datendarstellung, um Datensätze zu analysieren und ihre wichtigsten Eigenschaften hervorzuheben. EDA wird im Allgemeinen verwendet, um zu untersuchen, was uns die Daten über die offiziellen Modelle oder Hypothesentests hinaus verraten, es können jedoch auch andere statistische Modelle verwendet werden oder nicht.

Wow, immer...

Die Bewertung

Die Fitbit-Daten werden gründlich untersucht. Die wichtigsten Entdeckungen werden hervorgehoben und diskutiert. Für die hier gezeigte Studie wurden 940 Datenpunkte von 33 verschiedenen Nutzern erhoben.

Ich möchte, dass Sie beim Lesen dieses Artikels die Gründe und die Denkweise hinter dem Schreiben des Codes verstehen.

Zunächst kartieren wir Minuten und Meilen in Abhängigkeit vom Aktivitätsumfang der einzelnen Personen, um einen allgemeinen Überblick über deren Lebensstil zu erhalten.

Warum sollte ich überhaupt eine EDA durchführen?

Eine bessere Abfrage wäre meiner Meinung nach:

Wann würde ich EDA nicht nutzen wollen?

EDA ist einer der wichtigsten Schritte in der Datenwissenschaft und ermöglicht es uns, spezifische Einblicke und statistische Messungen der Daten zu erhalten, mit denen wir arbeiten. Für eine unbegrenzte Liste von Benutzern, wie Unternehmensmanagern, Stakeholdern, Datenwissenschaftlern usw., ist dies von entscheidender Bedeutung.

EDA unterstützt Datenwissenschaftler bei der Definition und Feinabstimmung der

Auswahl kritischer Merkmalsvariablen, die im noch nicht trainierten Modell des maschinellen Lernens verwendet werden.

Wir werden in dieser Erzählung einige FitBit-Daten verwenden, um unseren Standpunkt zu veranschaulichen.

Datenwissenschaftler, Statistiker, Mediziner, Physiologen und Psychologen, um nur einige akademische Forschungsbereiche zu nennen, sind an der Untersuchung von Fitness-Tracker-Daten interessiert. Das Auffinden von Korrelationen in komplizierten Zeitreihendaten, wie denen des FitBit Fitness Trackers, kann dabei helfen, Trends im Alltag sowie

Abweichungen von diesen Mustern zu erkennen.

Wie sollte SQL zur Datenanalyse verwendet werden?

- SQL-Schulung für Data Science
- Grundlagen von SQL in Schritt 1. Sie lesen aus Datenbanken und analysieren als Datenwissenschaftler Daten entsprechend Ihrem Anwendungsfall.
- Aggregationen in Schritt 2.
- Schritt 3: Sortieren und Gruppieren.
- Vierter Schritt: Beitreten.
- Fünfter Schritt: Unterabfragen.
- Schritt 6: Verwenden von SQL zur Behebung von Geschäftsproblemen.

- Fensterfunktionen sind Schritt sieben.

WO soll ich SQL-Abfragen mit Komplexität üben?

Ein umfassender Kurs „Fensterfunktionen" mit über 200 interaktiven Übungen ist auf LearnSQL.com verfügbar. Es funktioniert mit MS SQL Server, MySQL 8 und PostgreSQL.

Was bewirken anspruchsvolle SQL-Abfragen?

LearnSQL.com – Was ist Advanced SQL?

Laut dieser Antwort werden die Auswahl von Spalten, Aggregatfunktionen wie MIN() und MAX(), die CASE WHEN-Anweisung, JOINS, die WHERE-Klausel, GROUP BY, das Definieren von Variablen und Unterabfragen von Advanced SQL abgedeckt. In der nächsten Antwort werden die meisten dieser Fächer jedoch höchstens als Grund- oder Mittelstufe eingestuft.

Wie kann ich meine komplizierten SQL-Abfragen effizienter gestalten?

Sie müssen Ihre Abfragen optimieren, um einen möglichst geringen negativen Einfluss auf die Datenbankleistung zu haben.

Stellen Sie zunächst die Geschäftsanforderungen fest.

Anstatt SELECT * zu verwenden, verwenden Sie SELECT-Felder ...

Vermeiden Sie die Verwendung von SELECT DISTINCT.

Erstellen Sie Joins mit INNER JOIN statt mit WHERE.

Anstatt HAVING zum Erstellen von Filtern zu verwenden, verwenden Sie WHERE.

Platzhalter sollten nur am Ende von Phrasen verwendet werden.

Verwenden von SQL zum Erstellen eines Modells für maschinelles Lernen (ML).

Ist SQL mit maschinellem Lernen kompatibel?

Maschinelles Lernen mit SQL

SQL erleichtert das Laden, Bereinigen, Überprüfen und Abrufen von Beziehungsdatensätzen, die in Datensätzen häufig vorkommen. Daher ist SQL ein hilfreiches

Werkzeug und eine entscheidende Komponente des maschinellen Lernens, unabhängig davon, ob Sie ein neues Lernnetzwerk einrichten oder an ETL für ein bestehendes System arbeiten.

Wie viele Datensätze werden mit SQL erstellt?

1. Verwenden
2. Klicken Sie auf der Seite „Bibliothek" auf „Daten importieren".
3. Wählen Sie im Bildschirm „Daten importieren" eine Verbindung aus.
4. Suchen Sie die Tabelle, die Sie aus Ihrer Quelle importieren möchten.
5. Um die Spalten des Datensatzes zu untersuchen, klicken Sie auf die Schaltfläche „Vorschau".
6. Klicken Sie auf die Schaltfläche „Datensatz mit SQL erstellen".
7. Das rechte Feld enthält jetzt die geänderte Quelle.

Wie entsteht ein Datensatz zur Analyse?

Klicken Sie im SAP-Datenbereich auf das Symbol „Business Creator". Wählen Sie anschließend „Neuer analytischer Datensatz". Wählen Sie die Dateneinheit aus, die Sie in diesem Datensatz verwenden möchten. Klicken Sie entweder auf die Entität, die Sie verwenden möchten, oder verwenden Sie die obere Suchleiste des Popup-Fensters, um danach zu suchen.

Wie entsteht ein Datensatz zur Analyse?

Klicken Sie im SAP-Datenbereich auf das Business Builder-Symbol. Wählen Sie anschließend „Neuer analytischer Datensatz". Wählen Sie die Dateneinheit aus, die Sie in diesem Datensatz verwenden möchten. Klicken Sie entweder auf die Entität, die Sie verwenden möchten, oder verwenden Sie die obere Suchleiste des Popup-Fensters, um danach zu suchen.

Wie können Daten in SQL geändert werden?

Verwendung von SQL Server Management Studio

Um die zu ändernden Zeilen abzurufen, müssen Sie möglicherweise die SELECT-Anweisung im SQL-Bereich ändern. Suchen Sie im Ergebnisfenster nach der Zeile, die geändert oder entfernt werden muss. Klicken Sie mit der rechten Maustaste auf die Zeile und wählen Sie „Löschen", um sie zu entfernen. Ändern Sie die Daten in der Spalte, um Änderungen an einem oder mehreren Daten der Spalten vorzunehmen.

Was bedeutet SQL-Datenänderung?

Die Datenänderung unterscheidet sich grundlegend von der Datensuche. Die Untersuchung von Tabelleninhalten ist ein notwendiger Schritt bei der Abfrage von Daten. Um Daten anzupassen, müssen Tabelleninhalte geändert werden . Ändern Sie die Daten in Ihrer Datenbank. Zeilen subtrahieren.

www.ingramcontent.com/pod-product-compliance
Lightning Source LLC
Chambersburg PA
CBHW071011260726
48661CB00007B/2895